Date: 06/24/21

SP BR 508.2 JAC
Jacks, Danielle J.,
Lo que veo en el verano /

Tadpole Books are published by Jump!, 5357 Penn Avenue South, Minneapolis, MN 55419, www.jumplibrary.com

Editor: Jenna Gleisner **Designer:** Jenna Casura **Translator:** Annette Granat

Photo Credits: Billion Photos/Shutterstock, cover; Photo Melon/Shutterstock, 1; LeManna/iStock, 2ml, 3; Lifestyle Graphic/Shutterstock, 2tl, 4–5; oksana2010/Shutterstock, 2tr, 6–7; Monkey Business Images/Shutterstock, 2bl, 8–9; Super Prin/Shutterstock, 2mr, 10–11; Balakate/Shutterstock, 2br, 12–13; RuslanDashinsky/iStock, 14–15; SerrNovik/iStock, 16.

Library of Congress Cataloging-in-Publication Data
Names: Jacks, Danielle J., 1994– author.
Title: Lo que veo en el verano / por Danielle J. Jacks.
Other titles: What I see in summer. Spanish
Description: Minneapolis, MN: Tadpole Books, 2021. | Series: Las estaciones | Includes index. | Audience: Ages 3–6
Identifiers: LCCN 2020008996 (print) | LCCN 2020008997 (ebook) | ISBN 9781645276371 (hardcover)
ISBN 9781645276388 (paperback) | ISBN 9781645276395 (ebook)
Subjects: LCSH: Summer—Juvenile literature. | Seasons—Juvenile literature.
Classification: LCC QB637.6 .J3318 2021 (print) | LCC QB637.6 (ebook) | DDC 508.2—dc23

LAS ESTACIONES

LO QUE VEO EN EL VERANO

por Danielle J. Jacks

TABLA DE CONTENIDO

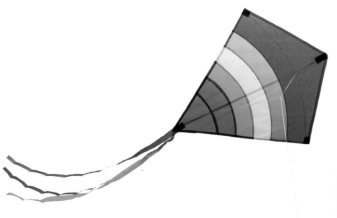

PALABRAS A SABER

césped

girasoles

luz del sol

mariposa

pícnic

piscina

LO QUE VEO EN EL VERANO

¡Veo la luz del sol!

césped

4

Veo el césped.

girasol

Veo unos girasoles.

Veo un pícnic.

mariposa ......▸

Veo una mariposa.

piscina

Veo una piscina.

Veo una pelota.

pelota de playa

¡Qué divertido!

¡REPASEMOS!

¿Qué están haciendo estos niños en el verano?

ÍNDICE